Este libro le pertenece a:

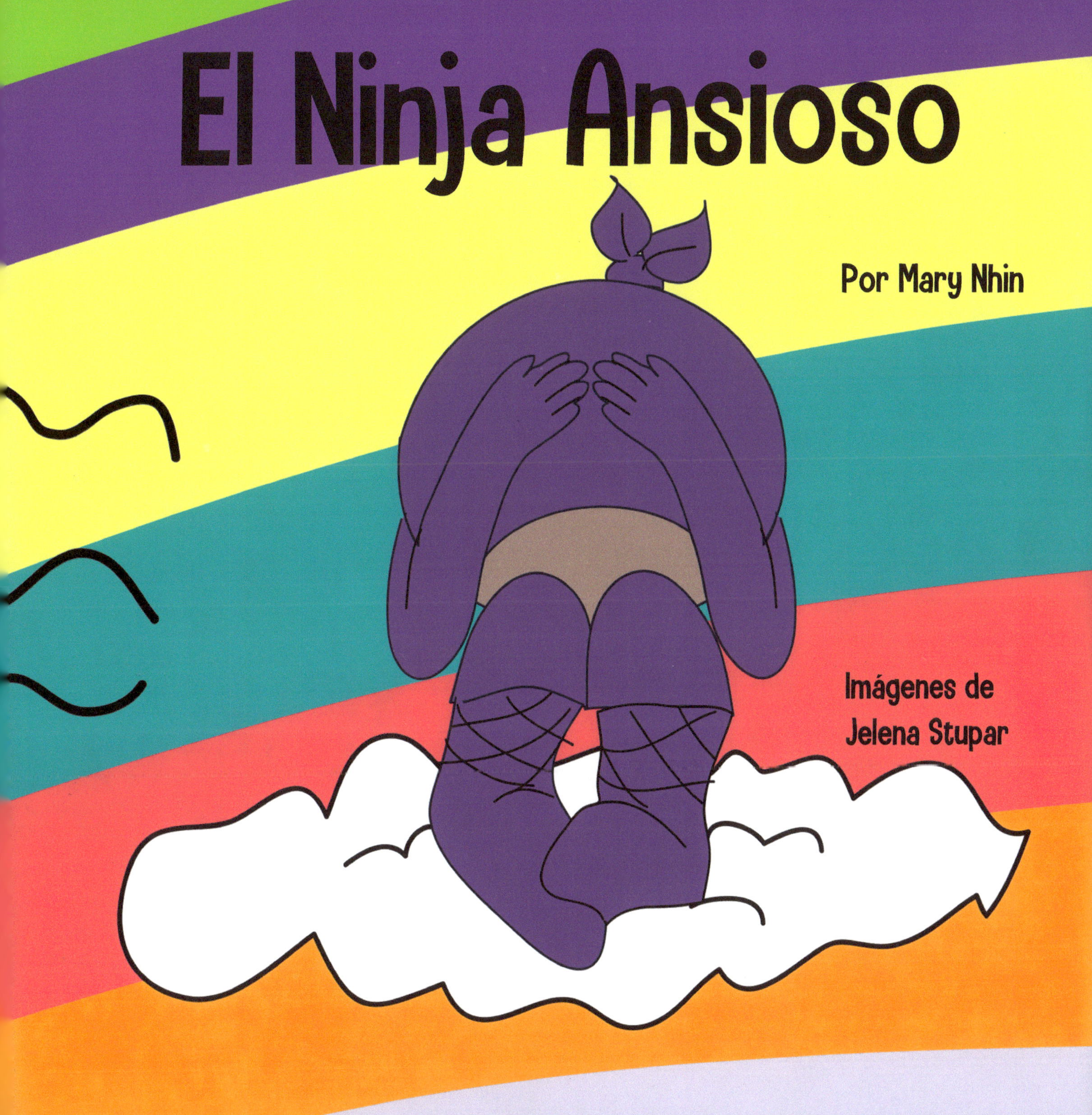

El Ninja Ansioso
Por Mary Nhin
Imágenes de
Jelena Stupar

El Ninja Ansioso solo tenía que llegar sobre la cuesta para ganar.
El corrió y corrió hasta que cruzó la línea de meta. ¡Primer lugar!
SALIDA

¡Vas a tener mucho éxito en La Carrera de los Guerreros Ninja este fin de semana! —dijo el Ninja Positivo al terminar en segundo lugar.

Pero ese era el problema. Cuando se trataba de las practicas, el Ninja Ansioso era inalcanzable. Era el mejor.

Pero cuando era el tiempo de competir, sus manos le
sudaban. Su corazón se le aceleraba. Y su mente seguía
pensando en cosas que no podía controlar.

Cuando su mente se enfocaba en ganar o perder, su rendimiento
comenzaba a caer. Y su ansiedad era la causa de no poder dar lo
mejor de sí mismo.

El Ninja Animoso reconoció el patrón. "Es normal sentir ansiedad. Todos la sentimos. Cuando estaba entrenando en El
Triatlón de los Guerreros Ninja, todos esperaban que
ganara. ¿y sabes que ocurrió?" preguntó el Ninja Animoso.

"Terminé en cuarto lugar, porque dejé que mi ansiedad afectara mi rendimiento. ¿Puedo ganar? ¿Ganaré? Pensaba en cosas que estaban fuera de mi control. Pero cuando aprendí a cómo manejar mi ansiedad, me desempeñé mejor que nunca," dijo el Ninja Animoso.
¿Cómo aprendiste a hacer eso?
¡Te enseñaré!

Cuando te pones nervioso, solo recuerda la estrategia de las tres "R":

Reconoce cuando estás pensando en situaciones que no puedes controlar.

Relájate respirando lento y profundamente.

Reenfócate con mantras positivas cómo: "Todo estará bien después que de lo mejor de mí".

En ese fin de semana, el Ninja Ansioso se alineó junto a los otros corredores en la competencia. Él tenía una meta en mente.

Su enfoque estaba al nivel más alto. Y cuando la pistola disparó señalando el inicio de la carrera, el Ninja Ansioso se sintió bien.

A medida que avanzaba la carrera, estaba claro que él tenía ventaja.

Pero al quedarle solo dos vueltas en la carrera, sus pensamientos comenzaron a desviarse hacia la línea de meta.

En ese momento, él podía escuchar el resto
de los corredores alcanzándolo. Y así de
rápido perdió la ventaja.

Él necesitaba recordar lo que el Ninja Animoso le enseñó… y rápido. ¿Qué fue lo que le dijo su amigo?

Lo tengo.
Reconoce.
Relájate.
Reenfócate.

Él reconoció y se dio cuenta en donde sus pensamientos estaban.

Se relajó al respirar profundo.

Después, reenfocó toda su energía en el presente
y en lo que podía controlar. Su esfuerzo.

"Esfuérzate. Esfuérzate," se repetía así mismo.
Él sonaba cómo un disco rayado, pero era su mantra.
Y de repente. Cruzó la línea de meta…

. . . con mucho éxito.

Desde ese día en adelante, el Ninja Ansioso todavía le daba ansiedad, pero la diferencia era que ahora sabía controlarla, en vez de controlarlo a él.

El recordar la estrategia de las tres "R" puede ser tu arma secreta para enfrentar la ansiedad.

Se el primero en conocer más sobre los lanzamientos de libros nuevos en GrowGrit.co

@marynhin   @GrowGrit
#NinjaLifeHacks

Mary Nhin   Grow Grit

Grow Grit

CPSIA information can be obtained
at www.ICGtesting.com
Printed in the USA
BVHW021045090922
646649BV00010B/923